Made in the USA
Las Vegas, NV
18 November 2020

11101182R00057